[화단포토시집]

무지개 꽃 피는 마을

장 성 우

상지출판사

<추천사>

희노애락 정감의 다양한 변주
– 장성우 꽃 시집 〈무지개 꽃 피는 마을〉을 읽고

霜溪 이도현 (한국시조협회 고문)

　장성우 시인이 화단 포토시집 〈무지개 꽃 피는 마을〉을 발간한다. 일찍이 시와 에세이집 〈명상의 길을 걷다〉와 시집 〈카이로스의 만남에서〉〈순례자의 참회〉, 영문번역시집〈Some Remote Day〉와 단편소설 〈정글 천년왕국〉, 장편소설〈혼쭐〉로 세상의 인기를 끌고 있는 시인이 이번엔 화단 포토 꽃 시집을 세상에 펴낸다.

　시와 소설 수필 등 다양한 문학 장르를 섭렵하면서 주목을 받고 있는 시인이 이번에는 꽃 시집을 발간함에 다시 한번 세상을 놀라게 할 것이다.

시인은 성균관대학교, 고려대학교 대학원을 졸업하고 미국 Faith Theological Seminary와 대전대학교 대학원에서 박사학위를 취득하고 신학과 교수로, 목회자로, 시인으로 현재는 저술에만 몰두하는 석학으로 그동안 쌓은 학식과 경륜에서 얻은 원로 문인의 시집이기에 더욱 값지고 빛나는 시집으로 각광을 받으리라 믿는다.

6부로 나눈 이 시집은 구성부터 이채롭다.
꽃은 일반적으로 아름답고 화려한 것, 세상에서 소중하고 핵심적인 것을 비유하고 상징할 때 쓰는 단어다.
장성우 시인은 꽃의 외형과 속성을 세밀히 관찰하여 모양, 색깔, 이름, 꽃말 등을 구체적으로 묘사하고 의인화하여 이야기로 풀어낸다.
그의 시속엔 희노애락의 다양한 정감과 오욕칠정(五慾七情)의 섬세한 감각까지 수용하고 변주하여 우리들의 마음과 혼을 정화하고 안정시키며 미화한다. 특별히 꽃은 상대를 존경과 축하 때로는 애도의 정표로 사용하는 묵언의 메시지가 아닌가.

   (가)
      흐드러진 새하얀 망초
      노란 그리움 여전한가?
      외진 언덕 비탈길
      사랑 없는 고달픈 삶

천대받고 버려진 신세
민초 짙게 풍긴 설움
지천인 들꽃 태어나 흔들리는구나

   －〈망초꽃 연가〉 일부

(나)
사랑하는 임이여
사랑하며 그리워하며
애정 아파져 가까이 오면
온몸 찌르는 가시는 빼고 갈래요.

그리워하며 사랑하다가
만나기로 약속한 시간 오면
말없이 조용히 혼자서 잠잘게요.

   －〈넝쿨장미 사랑〉 전문

작품 (가)는 너무 많이 피고 잘 자라서 잡초로 취급받는 꽃이요, 민초(民草)로 설움 받는 대표적인 꽃 〈망초꽃 연가〉이다.

작품 (나)는 애정, 사랑의 사자, 행복한 사랑 등의 꽃말을 갖는 동서양을 막론하고 사랑받는 꽃 〈넝쿨장미 사랑〉이다.

이렇듯 장성우의 시는 천의무봉(天衣無縫), 소박하고 꿰맨 흔적이 없다. 기교는 더욱 없다. 시집에 수록한 43편의 시가 꽃의 생김새대로, 그냥 제철로 뿜는 향기를 이야기로 풀어 놓는다. 그러나 그 묵언의 꽃 이야기가 정감을 새록새록 돋우며 천 리를 간다. 이것이 장성우의 시법이다. 일독을 권한다.

<추천사>

꽃이 아름답게 보이는 것은 〈보는 자(Voyant 불(佛))〉
시인이 아름답기 때문이다

愼鏞協 (시인, 충남대명예교수)

 장성우 시인의 시집 『무지개 꽃 피는 마을』이 상지출판사에서 출판하기에 앞서 한 페이지 정도의 서평을 받았다. 독자 앞으로 지금쯤 꽃처럼 예쁜 시집이 전달되었거나 서점에 진열되었을 것이다. 대개 어느 시집에나 〈꽃〉에 관한 시, 한두 편의 작품이 실려 있기는 하나 이 시집의 특징은 시집 전체가 꽃에 관한 시라는 점이다. 모든 꽃은 아름답다. 시는 아름다움을 노래한다. 그리움도 때로는 아름답고 사랑은 더욱 아름답다. 시인이 아름다운 것도 아름다운 꽃을 보면 그냥 지나치지 못하기 때문이 아닐까. 시집 『악의 꽃』의 저자인 보들레르나 오스카 와일드는 상징주의 또는 유미주의자다.

김동인 역시 유미주의 소설 「광화사」를 썼다. 그러나 시인 장 성우는 상징주의자나 유미주의자는 아니다.

 그는 이번 시집을 상재하면서 특히 꽃에 관한 시만을 모은 것은 아마도 그가 목사로서 살아온 삶 자체가 아름답기 때문일 것이라고 나는 생각한다.

 장성우 시인의 이번 시집에는 작품마다 꽃을 사진으로 장식하고 꽃에 관한 해설이 있어 분위기를 높여준다. 『무지개 꽃 피는 마을』 제1부 동쪽을 향해 피는 꽃은 〈옥잠화〉 등 10편, 제2부 계절 따라 부르는 노래는 〈개망초의 누명〉 등 9편, 제3부 화첩으로 함께 그린 정원은 〈산수유 피는 봄〉 등 5편, 제4부 갈증 속에 피어나는 꽃은 〈넝쿨장미 사랑〉 등 8편, 제5부 고난 승리하며 피는 화원에는 〈할미꽃〉 등 9편, 마지막인 제6부 그리움에 잠 못 이루는 계절에는 〈안개꽃〉 등 5편이 실려 있다.

 첫 작품 〈옥잠화〉를 예로 들면 시인의 꽃을 보는 아름다운 마음씨를 거쳐서 표현된 참신한 시를 만나게 된다. 독자에게 잔잔한 감동을 불러일으키리라 믿는다.

    백옥 얼굴
    옥비녀 기다랗게 꽂아
    초롱눈동자는 이슬 젖어서
    고양이 걸음 향기 풍기나니

3연으로 된 〈옥잠화〉 중 첫째 연이다. 꽃을 미인의 얼굴로 표현하고 있다. 시인의 마음씨가 아름답지 않고서야 어찌 이렇게 아름답게 표현될 수 있겠는가. 어떤 시인이 〈옥잠화〉를 이보다 더 아름답게 표현할 수 있겠는가. 2연에서는 〈산야 고고함이 너 홀로 하늘 빛〉으로 찬양하는가 하면 3연에 가서는 〈잡초에 시달린 세월 인고에 보내고/ 외로운 옥잠화 손님을 화사하게 맞는다.〉라고 옥잠화의 내면세계까지를 아름답게 형상화하고 끝낸다.

  작품마다 장 성우 시인의 독자적인 표현의 묘미와 내면세계의 깊이가 있기에 독자 앞에 이 시집 일독을 추천하는 바이다.

책 머리에

가장 아름답게 사는 시인의 글

양건상 목요문학회 회장

자연을 사랑하다 못해 자연인이 되어버린 시인
자연에게 편지를 쓰고 싶다던 시인
꽃처럼 아름다운 심성으로
드디어 글 꽃을 피웠습니다.

시인에게는
흔해 빠진 개망초도 아름다운 글 꽃으로 피었고
화려한 장미에서 가시때문에 신음하는 눈물을 보았고
애절한 사연안고 찬바람에 날아 온 순정이 있었습니다.

아름다운 사람은 아름다운 글 꽃을 피웁니다.
티 없이 맑게 살려고 몸부림 쳐 온 시인의 삶이
무지개 꽃 피는 마을로 피어났습니다.

〈무지개 꽃피는 마을〉 상재를 축하하면서

책 머리에 11

차 례

02_ 추천사 / 霽溪 이도현 (한국시조협회 고문)
06_ 추천사 / 愼鏞協 (시인, 충남대명예교수)
09_ 책 머리에 / 양건상 (시인, 목요문학회 회장)

1부　동쪽을 향하여 피는 꽃

020_ 옥잠화

022_ 나무에 오른 능소화

024_ 망초꽃 연가

026_ 철쭉꽃 사랑

028_ 참새눈꽃나무

030_ 서리꽃 피는 아침에

032_ 설중화雪中花

034_ 구절초

036_ 천일홍 꿈

038_ 인동초忍冬草

차례

2부 계절따라 부르는 노래

042_ 개망초의 누명
044_ 금계국(金鷄菊) 천하
046_ 금낭화(錦囊花) 방울소리
048_ 동박새와 동백꽃
050_ 눈꽃나무와 참새
052_ 7월 꽃, 샐비어
054_ 달맞이꽃
056_ 패랭이꽃 강변초대
058_ 상사화 그리움

차 례

3부   화첩으로 곱게 그린 정원

062_ 산수유 피는 봄
064_ 가을 길 코스모스
066_ 청포도 익는 계절
068_ 8월 꽃, 백일홍
072_ 담쟁이

4부　갈증 속에 피어나는 꽃

074_ 넝쿨장미 사랑
076_ 백합화 세마포 하얀 옷 입고
078_ 얼음새꽃
080_ 부바르디아 Bouvardia
082_ 사랑고백 마가렛
084_ 야생화 연가
086_ 금련화(金蓮花)

차 례

5부   고난 승리하며 피는 화원

090_ 할미꽃
092_ 연리지連理枝 사랑
094_ 천량금
096_ 우슬초 말갛게 씻어주소서
098_ 하늘나리꽃
100_ 채송화
102_ 민들레 홀씨 되어
104_ 시클라멘 Cyclamen

차 례

6부 그리움에 잠 못 이루는 계절

108_ 안개꽃 사랑
110_ 야래화(夜來花) 사랑
112_ 수선화 사랑
114_ 모란꽃 잠들 때
116_ 봄소식 개나리

118_ ◼ 작품해설 / 兎山 도한호 시인

제1부
동쪽을 향하여 피는 꽃

옥잠화

백옥 얼굴
옥비녀 기다랗게 꽂아
초롱 눈동자는 이슬 젖어서
고양이 걸음 향기 풍기더니

우아한 목 기다랗게
따사한 햇살 눈웃음 머무르는
천상 선녀 준 선물 아닌가
그윽하고 다정한 눈빛
산야 고고함이 너 홀로 하늘 빛

외로이 밤이슬 혼자 맞고서
잡초에 시달린 세월 인고에 보내고
외로운 옥잠화 손님을 화사하게 맞는다.

옥잠화(玉簪花) — 백학선(白鶴仙), 백옥잠(白玉簪,옥비녀꽃)이라고도 하는데, 8~9월에 순백색으로 피고 잎 사이에서 길게 나온 꽃줄기 끝에서 깔때기 모양의 꽃들이 달린다.

나무에 오른 능소화

끝까지 영롱하게
고운 모습으로 빛나는데
행복한 눈빛은 고통 속에 환하게

줄기 따라서 꽃피워
세상을 분토처럼 훨훨 털고 자
도도한 품위 지니고
예절 바르게 기품과 절개 지니고

바람 불어서 외로운 날
슬픈 사랑 가슴에 간직하고
아픈 그리움을 가득 안고서
이슬 방울져서 화사하게 웃는데…

능소화 - 뇨양화, 양반꽃, 금등화, 나팔화로 불리우며, 여름 꽃으로 개화기는 8, 9월이며, 꽃말은 기다림, 그리움, 명예이다.

망초꽃 연가

흐드러진 새하얀 망초
노란 그리움 여전한가
외진 언덕 비탈길
사랑 없는 고달픈 삶
천대받고 버려진 신세
민초 짙게 풍긴 설음
무심히 떠난 사람 슬퍼서
피고 지는데 관심 없는 표정
바람에 일렁이는 몸짓
지천인 들꽃 태어나 흔들리는구나

망초(亡草)꽃 – 귀화식물로 일제강점기에 유입되어서 개망초라고 하는데, 많이 피고 잘 자라서 잡초로 취급 받는다.「계란꽃」이라고도 불리는 개망초는 망초와 많이 닮았는데, 망초의 키가 더 크고, 개망초의 꽃이 더 크다. 번식력이 매우 강해서 잘 자란다.

철쭉꽃 사랑

외로워 소쩍새 우는
연분홍 꽃향기 붉게 피워
봄꽃 외지에 아련히 앉아
진달래 곱게 핀 자리
핏빛 사랑 5월에 피고 지고

애달픈 사랑은 가고
붉게 물든 그리움 되어
골짜기 핏자국 아파서 울고
외진 자리만 조용히 골라서
서글퍼 맺힌 상처 싸 매만지면서

철쭉꽃 – 진달래 비슷하게 생겼지만 달리 철쭉은 잎이 먼저 핀 다음 5월에 꽃이 핀다. 철쭉은 우리나라가 원산지로 전국 각지의 산에 많이 난다. 분홍색·노란색·흰색·빨간색 등 여러 가지로 우리나라·일본·만주에 분포한다. 진달래꽃은 먹을 수 있어 참꽃이라 하지만, 철쭉은 독성이 있어 먹을 수 없어서 개꽃이라 한다.

참새눈꽃나무

산등성이 얼어붙은 산안개
아름답게 피워온 눈꽃송이
하얀 햇살 참새 얼음나무 앉았는데

눈꽃 산상 가지 쌓여서
서리꽃 피어 흔들리는데
햇살 퍼지니 참새 눈꽃
상처 참새 설한풍에 평화 없습니다

하늘 맑아 혼자서 내리는 눈
하나가 지나 하나 생기는 얼음꽃
차오르는 그리움 속절없는 세월
안식 미련 없어 겨울바람 불어 춤추는
눈꽃 가득이 외로워 사무치는데

회한에 떨고 있는 엄동설한 고통
슬프지 않기 위해 흔들리는 눈꽃나무
기다리던 참새 먹이 없어 하늘 쳐다보고
고드름 아름다운 눈꽃 까칠한 아침입니다

서리꽃 피는 아침에

눈물 흘러
하아얀 눈빛 고운임 오는가

나뭇가지 서리꽃 가득한
꽃송이 시린 그리움
가냘픈 손짓 휘날리는
짙은 물안개 순백 애달픈데

수정처럼 새맑은
녹아난 수빙(樹氷) 흘러서
하늘과 땅 사이 맺어진
상고대, 무송(霧淞)인 사랑인 것을,,,

서리꽃 – 눈꽃(설화), 서리꽃(상고대), 얼음꽃(빙화), 나뭇가지에 서리처럼 얼어붙는 현상. 상고대눈꽃, 나무얼음꽃, 상화, 설화, 수상, 수빙 이라고도 한다.

설중화雪中花

언 땅 고개 살짝
정 녹여 혹한 절망 뚫고

빛나는 얼음새꽃 그리움
땅속 헤집는 강인한 생명력
동트는 황금빛깔 햇살 빛나고

노란 손 흔드는 혹한의 꽃
얼음 깨는 시린 하얀 속살
새로운 세상 행복한 면사포

강인한 생명력 고단한 몸짓
언 땅 녹여 숨 쉬는 따사로움
깜찍한 아름다움 눈꽃 춤사위
하늘빛 눈 속에 찬란하게 빛나리라.

설중화 – 초겨울이나 초봄에 꽃이 피어 날 때, 눈이 내려 눈 속에 피는 꽃으로 새하얀 눈과 대조적으로 빛나는 꽃의 색체는 보는 이의 마음을 황홀하게 한다.

구절초

넓은 세상 설 곳 없는
내 자리는 지나쳐버린 땅 끝 외지였어
바람 불어서 스쳐 가고
곱다고 매만져도 강변에 버려져서

오랫동안 세월 흐르고
이름 없이 혼자서 지킨 지조
오손도손 긴긴밤

이야기 나누는 떼 지어 자라는 우리네 삶
들판 하얗게 피어 아홉 번 꺾이는 풀
음력 9월 9일 꺾이는 기다리는 애처로운 모습

구절초 – 음력 9월 9일 채취한 것이 가장 약효가 좋다고 하여 구절초라 한다. 줄기의 마디가 단오에는 아홉 마디가 된다는 뜻이다.

천일홍 꿈

부드러운 사랑
선명한 녹색 정원

같이 가는 길
발걸음 떨어지지 않아서
멈춘 세월 웅장한 하늘

한 여름 햇볕
호흡 깊게 투명한 꿈
피고 지는 순환
천 일 부활 힘이기에
빛나는 꿈을 말하는 미래 있다

천일홍 – 곤수화(滾水花), 장생화(長生花), 천일홍(千日紅), 화구화(火球花)라고도 한다. 열대산의 1년생으로 관상용이고 꽃은 7~10월에 피어 가지 끝에 1개의 두상꽃차례가 달리며잎 같은 2개의 난상원형의 포가 받치고 있는데, 보통 적색이지만 연한 홍색 또는 백색인 것도 있다.

인동초忍冬草

어둠에 갇혀 있는 별빛에
한숨 쉬며 기대어서 살지만
고통 흔적 여린 줄기에 피를 쏟는다

불어오는 사나운 바람을 견디며
조각난 몸뚱이 하늘 뜻 헤아려서
불같은 뜨거운 열망 꿈을 세우고
열혈의 뜻 온몸으로 피워내는 인내의 꽃

살아 있는 희망 어둠 매달려 참으며
허약한 흔들림에 수직으로 추 꽉 차 있는
인동초, 삶이 허무하여 애타게 부르지만
고뇌 채운 아름다움 그네처럼 흔들리며
추위를 지나는 건, 고통스럽고 아픈 것이다.

인동초 – 인동(忍冬)은 추운 겨울을 이겨 내는 강인한 생명력을 뜻하고, 인동과 겨우살이덩굴이란 이름은 겨울에도 줄기가 마르지 않고 견디어내서 봄에 다시 새순을 내기 때문에 붙여진 이름이며 금은화金銀花 란 이름은 흰 꽃과 노란 꽃이 한꺼번에 달리기 때문에 붙여졌는데 곤경을 이겨내는 인내와 끈기를 일컫는 말로 쓰인다. 꽃을 따서 빨면 꿀이 나와서 어린이들이 좋아한다.

제2부
계절 따라 부르는 노래

개망초의 누명

저녁놀에
지천인 야생화
잊혀 지지 않는 그리움에 묻혀서

너무 많아
지나친 가난한 민초
애환을 투영하는
서러운 사랑 친근한 정

떼 지어 시린 가슴에
눈물 어린 소박 청순함으로
창백한 노른자 달걀 여름 꽃
망국초와 개망초는 억울한 누명이다.

개망초 – 계란꽃이라고도 하는데 여름에 피는 두해살이 잡초로 가장자리 톱니가 드문드문 있고 양면에 털과 잎자루에 날개가 있다. 망초는 꽃의 모양이 종모양이고 개망초보다 작다. 꽃이 피는 시기가 개망초보다 조금 늦게 7~9월에 핀다. 일본이 조선을 망하게 하려고 씨를 뿌렸다하여 망국초라 혹은 망초로 부른다. 그 후 망초보다 더 예쁜 꽃이 나타났는데 망초보다 더 나쁜 꽃이라 하여 개망초라고 불렀다.

금계국(金鷄菊) 천하

꽃 닮았지만 생소한 얼굴
후회하지 않는 노란 초롱 들고
여린 마음 하늘 보고 웃고 있다

초행길 만난 인연이라 설레며
강변 새 홰치며 목 길게 뽑아 울고
구부러진 허리춤 바람 불어 세월 흘러
이름 숨겨온 사랑 비밀 아련 애틋하다

잡초와 얼기설기 산야에 조화
아름다운 호흡 세상 무상하게 보내는
산바람 등산로에 맺혀진 가슴 상쾌하다

왕국 이상 세웠지만 초야에 묻힌 야망
강가에 무리 이룬 야생화의 잔잔한 미소
화사한 몸짓 외로운 들풀 강변 여로에서
철 따라 자태가 아름다운 나그네 손길
갈대에 섞여 아픈 가슴 조용히 손짓 한다.

금계국(金鷄菊) – 한해 또는 두해살이풀이다. 줄기는 곧추서고 높이 30-60cm이다. 줄기 아래에 달리는 잎은 잎자루가 있다. 꽃은 6-8월에 줄기와 가지 끝에 머리모양꽃 차례가 1개씩 달리고 지름 2.5-5.0cm이고 노란색이다.

금낭화(錦囊花) 방울소리

붉은 초롱 줄줄이
파란 하늘 바람에 흔들리고
고양이 살금살금 나란히 매달려
여인네 치마 속주머니

땅 향해 고개 숙인
연약하고 가여워서
조용히 속삭이는 사랑 약속
영롱한 꽃망울 눈물인 아침이슬

하늘하늘 하트 모양 보석 꽃분홍 날개
애환 서리서리 맺혀서 청아한 방울소리 산야.

금낭화(錦囊花) – 금낭근(錦囊根), 토당귀(土當歸), 등모란, 며느리주머니, 하포목단근(荷包牧丹根)으로 불리며 아치형으로 활대처럼 곧게 뻗은 꽃대에 아이들 복주머니 모양의 진분홍색 꽃들이 주렁주렁 달리는 꽃이다. 자생화 중에 비교적 꽃이 크고 화려하여 관상가치가 높으며 추위나 더위에 강하고 유사종으로 흰금낭화가 있다.

동박새와 동백꽃

아픔 피워내는 바닷바람
애타는 기다림 모른척하다가
한 번씩 들르는 임 손꼽아 기다려

밤새워 흘린 눈물 그리움 젖어서
한파에 빨간 꽃잎 흔들려 아픈 날
동백의 아름다움 혹한을 잊었는데
불어오는 찬바람 옷깃을 여밉니다

후두둑 후두둑
애틋한 바람소리 고독한
진한 그리움 허기 진 모습
동백 꽃망울 한없이 기다리며

바람 흐르는 붉은 향수 젖어
외로운 사랑 슬픔 짙어질수록
자꾸만 핏빛 꽃술 손짓하는 유혹
동박새 사랑 부리로 빨고 있습니다.

동박새 – 눈 주위 흰색 고리가 특징이며, 새 이름의 유래이기도 하다. 제주 서귀포시 상징 새로 지정되었고, 동백나무 근처에 산다고 「동박생이」 라고도 한다.

눈꽃나무와 참새

참새 차가운 눈꽃나무 머물며
지나온 세월 주마등처럼 흐리는데
모두 떠난 뒷모습 눈 속에 그리면서

무정하게 흐르는 세월 타고
추억 아프기만 한 겨울 외면하지 않는
눈꽃 가득한 길목 차오르는 그리움
속절없는 미련 언 가슴에 쌓으면서
흐르는 계절 예약하여 내일을 재촉합니다

여운 남은 한 해 동안 눈꽃 사랑
겨울바람 산야 가득히 하얗게 춤추는
그리움 넘쳐흘러서 지친 세월 잊어갑니다

추워서 고통에 떠는 눈꽃나무 가지
진정, 겨울 앞에 하얀 무게 짓누르는
세월 허무함 슬퍼하지 않기 위해서
소망 가득 눈꽃나무 애틋한 사랑을 합니다

7월 꽃, 샐비어

총총히 빨갛게 줄줄이 피는
밝게 비추는 탑돌이 초롱 들고
파란 연못가 해맑게 웃는 모습
잔잔한 물가 오롯이 해처럼 떠오르는

7월 장맛비 여름 갈증 풀고
새빨갛게 환한 층층이 매달려서
구슬픈 풍악 불같은 사랑 느끼며

애틋하고 구슬프며 외롭게 핀
아쉬워 애처로운 열정 불타는 너를 보고
넋 잃은 세월 헤아리는 서글픔 한숨 쉰다

샐비어 – 꿀풀과에 딸린 한해 또는 여러해살이풀이다. 잎이 들깻잎 같고 꽃이 예쁘기 때문에 깨꽃이라고도 한다. 키는 60~90cm로 곧게 자라고 가지를 친다. 잎은 마주나기로 나며 넓은 바늘 모양이다. 여름부터 가을까지 빨간색 꽃이 이삭처럼 달린다.

달맞이꽃

노랗게
몸을 휘감으며
가느다랗게 떠는 당신은 누구인가요

저녁 화장을 하고
따스한 손길 기다리는
밤에만 즐기는 야성의 당신
일편단심 사랑에 누가 이름을 지었나요

노란 저고릴 곱게 차려입고
싱그럽게 풋풋했던 지난날에
이슬처럼 왔다가 별처럼 떠나간
잊지 못할 그 사랑에 그리움 흐르네요

그렁그렁 눈물 맺혀서
달빛 하나 가득 담은
달 속에 파묻혔던 사랑
뜨거워져서 가만히 입술 다물고 있어요

달맞이꽃 – 7월 큼직하고 노란 사판화가 석양 무렵 노랗게 피었다가 이튿날 아침 햇빛이 난 후에는 붉은빛이 돌며 시든다. 밤에 피는 재스민은 야래향(夜來香)이라고도 한다.

패랭이꽃 강변초대

보랏빛 하늘을 보고
강변 지나는 흰 패랭이
다양한 색색이 모양새 꽃으로 피는

한가한 몸 쉬게 되어서
여유 찾아서 행복한 꽃
흰색 패랭이 하얀 신선 같고
수염패랭이 술패랭이 붉은수염패랭이
강변 숲속 길 따라 나란히 곱게 피네요

강편도로 비탈길 자전거 도로 옆
패랭이꽃 잊을 수 없는 그리운 환상
무지개 빛 다른 색채로 울렁이는
태양 아래 빛나는 얼굴 친숙하게 다가옵니다

패랭이꽃 – 30㎝ 정도 자라고 뿌리에서 여러 개의 줄기가 한꺼번에 나온다. 꽃은 6~8월경에 핀다. 꽃잎과 꽃받침 잎은 5장이고, 꽃잎 아래쪽에는 짙은 색의 물결무늬가 있다.
패랭이와 비슷해 패랭이꽃 또는 패랭이라고 한다.

상사화 그리움

피어서 아픈 것을
한평생 그리움 나그넷길
피고지면서 만날 수 없는 것을

이룰 수 없는 사랑
평생 가슴 맺힌 아픈 사모
구름 흐르듯 이별의 길 가는데

피맺힌 한으로 남아있는 삶
그리움으로 눈물 가득한 세월
갈 길 못 찾아 제자리 원점에서
바람 이는 거리 헛것만 걸리는데
초라한 영혼 흔적 없는 먼지였다

다시 어스름 새벽 오기 기다리는
이슬 맺혀 떨어진 싸늘한 죽음
정 매달린 채 여전히 세월 흐르는
임 그리운 사랑 아픔 혼자서 간다

상사화(相思花) – 봄철에 비늘줄기 끝에서 잎이 모여 나는데, 꽃줄기가 올라오기 전인 6~7월이면 잎이 말라 죽으므로 꽃이 필 무렵이면 살아있는 잎을 볼 수 없다. 7~8월에 잎이 있을 때는 꽃이 없고, 꽃이 필 때는 잎이 없으므로 상사화라 하고「개난초」라고도 한다.

제3부
화첩으로 곱게 그린 정원

산수유 피는 봄

외딴 섬
골짜기
홀로 핀 산수유

노랗게
멍울 되어
총총히 피었구나

바닷바람
몸 흔들어
춤을 추고 있는데

배시시
웃는 모습
그 눈빛 아름다워
친구들이 몰려와 강강술래

산수유 – 산수유나무는 노랗게 꽃이 핀다. 산수유 열매는 붉다.
빨간 산수유가 탱글탱글 했는데 쭈굴쭈굴 하다.
하얀 눈 속에 빨간 산수유 어디서 쉽게 볼 수 있을까

가을 길 코스모스

시골길 벼 말림
가을 바람결 코스모스 몸짓
분홍빛, 하얀빛 어울려 춤을 춰
바람 온몸 흔들어 함박웃음 웃지요

하늘하늘 춤사위 온몸
바람나는 고추잠자리 코스모스
외줄기 고개 들어 파란 꿈 그려
하늘 내려 준 향기 색소폰 애절하게

감나무, 대추나무, 매미소리
네 자리 연한 가을꽃이여
하얀빛 코스모스 밝은 빛 보내지요

코스모스 – 하늘거리는 핑크색 꽃잎을 보면 봄에 여인이 입은 밝은 색 원피스가 바람에 이는 모습이 연상된다. 꽃 색도 선명하면서 다양할 뿐만 아니라 꽃피는 기간도 길어 가을철 꽃의 대명사처럼 많이 쓰인다. 맑은 가을 햇살과 참으로 잘 어울리는 한 해살이다

청포도 익는 계절

사각사각
모래시계 초침
가지런히 주렁주렁
청포도 더위 익어가는

수건 쓰고 땀 흐르는
동글동글 포도송이 도담

빛나는 푸르스름한
매미 울음 포동포동
창백한 웃음 기침하면
저물녘엔 푸른빛 보이는가

8월 꽃, 백일홍

매미는 목청 터지게
울음으로 불타는 8월
무슨 한 그리 많아서
진분홍 꽃 흩으며 통곡하는가

순박하게 고고하게
장마 찜통더위 이기며
차례 지속적 꽃 피워서
환한 웃음 100일간 백일홍

가난한 서민 함께 애환
굳은 기품 지닌 환상 꽃
그리움 어깨 비비며 나란히 핀다

쭉 뻗은 줄기
특유한 시원한 기상
한잎 두잎 주홍색 겹겹
8월 꽃, 백일홍 화려한데
땡볕 꽃술향기 끈질기게 터트린다

백일홍 − 멕시코 잡초가 개발된 키는 약 60㎝ 정도인데, 꽃 색은 흰색, 노란색, 등이 있다. 꽃은 100일 정도 피므로 백일홍이라 한다. 백일홍과 배롱나무는 다르다.

담쟁이

끝까지 사랑하는 거야
높이높이 오르며 사랑하는 거야

한없이 노래 부르고
파란 하늘에 희망 날리며
조용히 심장박동 소리를 듣는 거야

실낱 뿌리내리는 생명력
계절 끝날 때까지 뻗고 잡을 거야
흔들리고 노랗게 지더라도
끝까지 손 놓지 않고 사랑할 거야
휘감겨 붙어 있는 열정
가쁜 숨 내쉬며 호흡하니까

푸르게 출렁대며 춤추고
깊숙이 파고들어 사랑할 거야
손톱 빠지도록 기어오르는
흡인력 힘없이 망가질 때까지
생명 멈추는 순간 오르고 또 오를 거야

담쟁이 – 돌담, 바위, 나무줄기, 매끄러운 벽돌 등 다른 물체에 붙어서 자라는 덩굴나무다. 끝이 작은 빨판처럼 생겨서 아무 곳에나 착 달라붙는 「담쟁이덩굴」이다.

제4부
갈증 속에 피어나는 꽃

넝쿨장미 사랑

사랑하는 임이여
사랑하며 그리워하며
애정 아파져 가까이 오면
온몸 찌르는 가시는 빼고 갈게요

그리워하며 사랑하다가
만나기로 약속한 시간 오면
말없이 조용히 혼자서 잠잘게요

장미 – 오월 여왕 장미는 키가 작은 여러해살이 덩굴식물로 대부분 아시아원산의 야생장미를 인공으로 교잡하여 만들어낸 원예종이다. 줄기에는 잎이 변한 가시가 있으며, 잎은 마주나는데 깃털 모양 갈라진 겹잎이다. 꽃의 색깔은 흰색·노란색·오렌지색·분홍색·붉은색으로 다양하고 아름다우며 좋은 향기가 난다. 장미의 꽃말은「애정」,「사랑의 사자」,「행복한 사랑」등으로, 동서양을 막론하고 결혼식용 부케나 여성에게 주는 선물로 최고 꽃이다.

백합화 세마포 하얀 옷 입고

봄이 오지만 나그네 가야 할 길이 먼데
하얀 눈 보이고 꽃이 보이는
새롭고 기이한 계절 풍경이 이채롭다

묘한 세상 내린 눈
고개와 산꼭대기 하얀 세상
겨울 떠난 봄 새롭게 단장하고 온다
꽃은 설산에서도 본연의 계절 찾는데

백합꽃 하얀 세상
햇살 언덕 면사포 반짝이는
바람 휘날리며 눈발 가는데
진달래, 개나리꽃 머리 눈을 이고
사각사각 소리 꽃의 색깔 변하나 보다

백합화 – 눈이 와서 세마포 입은 듯 꽃은 하얗고 찬란하게 빛난다.

얼음새꽃

노란 꽃등 살며시 들어
그리움 사무쳐 애달프게
아픈 한설 가냘픈 목 내밀어요

싸늘한 눈 속 설한풍 떨며
나그네 발걸음 잔설 추억 아프기에
시들시들 앓는 몸살 모닥불 피우네요

헤어진 임 만나려 헤매다
봄 초청 닫힌 사립문 열어서
사랑의 열병 앓으며 정을 붙들고

살얼음 아픔 녹이고 녹여서
환희 찬 만남 다시 이루어지길
임 그리워하며 애태우며 기다릴게요

얼음새꽃 – 이른 봄 얼음 뚫고 자란다고 얼음새꽃, 눈을 녹이며 핀다고 눈삭이꽃이라 한다. 복수초, 설련화, 원일화라고 부르는데, 복수초는 정명이고, 얼음새꽃은 이명이라 한다.

부바르디아 Bouvardia

인연 찾아온
인생에 특별한 날
눈빛 맑고 귀여운 축복
영원한 사랑의 포로가 되었습니다

사랑에 시들지 않는
기다란 꽃에 별 모양
독특한 매력 밤하늘 은하수
별나라 천사 청초한 아름다움 하강

예쁜 웨딩부케
천일 약속 수애 부케
귀여운 신부에 어울리는
부바르디아 피는 계절에
약속 시각 맞춰 살포시 포옹해 줍니다

부바르디아 Bouvardia – 별모양의 꽃잎으로 청초한 아름다움 부케꽃, 프랑스 식물학자 Charles Bouvard의 이름을 따서 붙여진 이름으로 흰색이 주종을 이루지만 분홍, 노랑, 빨강 등 여러 색으로 핀다. 부바리아, 부발디아 라고 부르기도 한다. 자연 개화기는 늦봄과 가을이다.

사랑고백 마가렛

하아얀 날개 펴서 나르는 당신은 나의 운명
진실한 사랑 점치며 장래 예언 비밀 밝히는
움츠렸던 바람소리 마음과 몸에 피어나서
화사한 화장 노랑웃음 향기 하늘에 느끼는
요염한 자태 가슴앓이 사랑 영혼에 사무쳐요

마가렛 – 국화과 여러해살이식물로 아프리카 카나리아 제도가 원산지다. 줄기와 잎이 쑥갓 같아서 나무쑥갓이라고도 불린다. 여름부터 가을까지 국화를 닮은 꽃이 핀다. 짙은 녹색의 잎과 흰 꽃의 조화가 아름다워 관상용으로 많이 심는다.

야생화 연가

누군가
보아만 주어도
행복한 꽃

혼자 피어
혼자서 웃고
바람 불면 흔들리는

우연히 마주친
길손 발길이 정다워서
아프게 웃고 외롭게 사네요

야생화 – 들꽃을 말하는데, 정원에 심는 여러 가지 꽃은 이 야생화에서 비롯되었다.

지구에는 약 25만 종, 한국에는 약 3,500종의 꽃피는 식물이 있는데, 대부분이 야생화이다.

금련화(金蓮花)

청사초롱 맵시 살포시
생명수 한 방울씩 똑똑 떨어져
이슬 같은 속세 훌훌 벗어나
청초 하강한 신선 춤추는데

"혈화(血花)"
금빛 피 새겨진 꽃
붉은 피 강한 향기 뿌리며
연잎 닮아서 세상을 초월하여
물안개 깊숙이 뿌리를 내리며

밝은 웃음 일심 고요한데
세상 인연 단절 독거 들어가니
고해 속에 중생 긴 깨달음으로
청아한 긴 꽃자루 빛을 내지요

4부 갈증 속에 피어나는 꽃

제5부

고난 승리하며 피는 화원

할미꽃

할미라 부르지 마라

날 때부터
고개 숙인 것
너를 위한 기도인 것을

피면서부터
고개 숙인 늙은 게 아니라
샛노란 청춘부터 피고 지는 것

내 이름
함부로 부르지 말라
개명해 청춘 꽃이라 불러서
파란 젊음 검붉게 피겠거니

할미꽃 − 노고초(老姑草)·두옹(白頭翁)이라 하고, 산과 들판의 양지 쪽에서 자란다. 꽃은 4월에 피고 꽃자루 끝에서 밑을 향하여 달리며 붉은빛을 띤 자주색이다. 흰 털로 덮인 열매 덩어리가 할머니의 하얀 머리카락같이 보여서 할미꽃이라 한다.

연리지連理枝 사랑

사랑 천만 년을 흘러서
뒤엉킨 세월의 인연 맺어져
두 손 꼭 잡고 하늘과 땅
영원한 포옹 뗄 수 없는 만남
운명적 하나 된 연리지 뿌리사랑

두 개 영혼 하나로 살아 있는
혼자서 아무것도 할 수 없어서
천고에 맺어진 인연 죽고 사는
숭고한 사랑 깊고 아름다움인데

만세에 만난 인연 그리움 불러
말없이 껴안아서 엉켜진 염문설
공동생명 근원적 하나 사랑이기에

연리지 – 뿌리가 다른 나뭇가지에 엉켜 한 나무처럼 자라는 희귀한 현상으로 남녀사이 혹은 부부애나 효성이 지극한 부모와 자식을 비유하기도 한다.

천량금

빨갛게 인연 맺어서
백량이더니 천량금에
반짝반짝 환하게 열매 맺어

금보다 멋지게
생명 줄 타고서
이듬해 꽃 필 때에
새빨갛게 고운 자태로

새 꽃 필 때
헤어진 아픔 땅에 묻고
늦여름 그리움
별 모양 흰 꽃 피어
가을 붉어져 그리움 간직한다

천량금[千兩金] – 2003년 7월 9일에 한국에서는 제주도 북제주군 한경면(翰京面) 곶자왈의 낮은 지대에서 처음 발견된 마에사속(Maesa屬)의 아열대성 목본식물이다. 마에사속은 세계의 난대 및 아열대 지역에 100여 종이 분포하는데, 제주에서 20여 그루가 발견되기 전까지는 국내에는 기록이 없던 종이다.

우슬초 말갛게 씻어주소서

새벽길 아침이슬 공의로운 햇빛,
치료하는 광선되어 주홍 같은 죄, 우슬초 씻겨 주소서

피 흘림 없이 사함 없기에
레바논 백향목 정한 산새 두 마리,
백향목, 홍색실, 우슬초 피를 지나 정결함 받아
하늘 바라볼 수 있는 깨끗하고 정결하게 하옵소서

붉은 죄 무겁게 억누르는 날,
우슬초 어린 양 피를 묻혀 씻기소서
우슬초 고운내음 하늘 음성 광야길
붉은 피 섞어서 깨끗하다 하셨으니

우슬초 묶음 취하여 그릇 담아서
피 적셔서 문인방과 좌우설주 뿌리어
작은 희생 순한 양 되어서 기다립니다

우슬초[牛膝草] – 유대인이 귀신이나 재앙 물리치는 의식 때, 제물 피를 묻혀 뿌리는 데 사용했다는 식물

하늘나리꽃

하늘 고와서
도약하고 꿈꾸는 염원
그윽한 눈빛 그리움 향한다

환하게 웃는
뚝뚝 떨어지는 연지곤지
손 흔들어서 미소 반짝이는

흐르는 물소리
여름 열기 이겨내는
화려한 색깔 금상첨화
굽어짐 찾을 수없는 당당함

어디 피해 갈 수없는
안식 나리꽃 옹달샘 아닐까?
바라보는 임을 향한 그리움
가슴 졸이며 수줍어서 웃는다

하늘나리꽃 - 꽃이 하늘 향해 자란다고 붙여진 이름이며 꽃말은 '변치 않는 귀여움'이다.

채송화

나직이 살고지고
꽃이라 불러 달란 적 없는
무명초 낮게 피는 팔등신
있는 듯 없는 듯 살짝 땅에 산다

아침 봉오리 정오쯤 피어
오후 바람 없는 꽃술 슬그머니
한 꽃에 수술과 암술 그리움 찾아
사랑 만들어서 저녁에 몸 오므리는

끝 파란 꽃잎 더불어 겹꽃
맑은 날 웃다 스르르 잠드는
태어난 뜨락 조용히 앉아서
낮은 자리 겸손한 빛깔이기에
묵묵히 밭가는 농부 겸손한 몸짓
부끄러운 듯 다소곳 소박한 꽃

채송화(菜松花) – 화단에 심어 기르는 한해살이풀로 만년초(萬年草), 따꽃, 댕명화, 반지연, 양마치현, 대명화라 한다. 줄기는 눕거나 비스듬히 자라는데 꽃은 7-10월에 가지 끝에 1-3개씩 피고 붉은색, 흰색 또는 노란색이다. 꽃자루는 없는 한해살이풀이다.

민들레 홀씨 되어

애절하게 간직한
그리움 가슴에 품고
들풀 섞여 질기고 질기게

삭막한 땅
눈길 머물지 않는 곳
훗날 발자국 따라왔다가
창백하게 서 있는 너를 보거든

북풍바람 거세지면
사랑의 홀씨 되어서
하늘 따라 훨훨 날아간다고

그리움
소식 기다리는 임
순정 잊지 말라 전해 주기를

민들레 - 양지바른 초원이나 들판, 길가, 공터에서 쉽게 볼 수 있는 여러해살이 풀인데, 줄기는 없고 꽃은 봄에 노란색으로 피고 여러 개의 낱꽃이 모여 피는 겹꽃으로 두상화서(頭狀花序)이다. 토종민들레로는 「민들레」, 흰꽃인 「흰민들레」, 「산민들레」가 있다. 잎이 갈라진 상태가 날카롭지 않으면 토종민들레이고, 갈라진 상태가 날카로우면 서양민들레다.

시클라멘 Cyclamen

만나서 애절한 뜨거운 눈길
하나씩 계절 따라 노랗게 익어
파란 그리움 애달픈 이별이기에

흰색과 자주색 연말에서 늦봄까지
너를 닮아 개화하며 활짝 피어서
애처로운 기다림 그리움 가득하기에

살아생전 다하지 못한 사랑
중간 꺾여 아픔으로 저려오는
볕 드는 창가 그리워하며 눈 돌린다

아픈 가슴 조용히 내리는 햇빛
세속의 유혹 버리고 지조 있게
그리워하는 사랑 오지 않아도
애태워 고개 숙여 조용히 기다린다

시클라멘 – 두 팔을 들고 만세 부르는 모습이 떠오른다. 만개기에 아래로 완전히 제껴진 꽃잎들이 화분을 가득 덮는 아름다운 전형적인 분화용이다. 11월부터 4월까지 주로 동계에 분화로 생산 이용되고 있다. 시원한 공간을 좋아해서 겨울철 베란다에서 키우기 좋은 꽃이다.

제6부
그리움에 잠 못 이루는 계절

안개꽃 사랑

눈 속에
휘날리는 햇살
눈빛 빛나고

긴 밤
핏빛 흐른 질긴
아침 뿌연 안개꽃

단단한 각질
굳은 표정 속에
파란 한 송이 사랑

안개꽃 – 1년 또는 2년생 초본 종자로 번식한다. 꽃은 흰색이고 절화용으로 많이 이용한다. 관상식물로서 재배한다.

야래화(夜來花) 사랑

당신
기다리다가
속가슴 터져 밤 향기 되었어요

담벼락 너머
슬픈 눈물 뿌리는
향기 취하여 발걸음 다가오기를

긴긴 밤에
애간장 태우며
기다리다 그리움 절어 버렸어요

야래향 – 「밤의 향기」라는 뜻의 꽃으로 밤에만 핀다.

수선화 사랑

희미한 달빛 기울어
구름 가린 어둠 속에
그리움 가슴 안고 사는 날

뜨락 가득히 임 향한 수선화
아프고 가픈 호흡의 생명력
해맞이 한해 소망 떠오를 때
잔영 흔적 시커멓게 재 되어서

짧은 세월 과거 추억
숙명처럼 사랑했던 깊은 인연
파도치는 바다 물결 휩쓸린다

서광 빛나는 하늘 보며
간절히 소원 빌어 기다리는
기원했던 그날 잊지 않고서
슬프고 외로운 자존의 사랑이다

수선화 – 주로 남부지방에서 관상용으로 재배한다. 약간 습한 땅에 잘 자라며, 꽃은 12~3월경 꽃줄기 끝에 6개 정도가 옆을 향해 핀다. 수선이라는 말은 성장에 많은 물이 필요하고 물에 사는 「신선」이라는 의미를 내포하는데 꽃말은 「자존」이다.

모란꽃 잠들 때

아직 그 사랑
지워지지 않았는데
흘러간 세월 거두어서

뒤뜰 장독대 혼자
모란꽃
자색 꿈 점점이 흐르는데

그냥
그렇게 살기로 하고
혼자서
꽃잎 떨구는 날 어두워진다

모란꽃 – 키는 1~2m 정도 자라며 가지는 굵다. 자색의 꽃이 5월에 가지 끝에 피고 지름이 15~20㎝에 이른다. 중국에서는 모란을 「꽃 중의 제일」이라고 하여 「꽃의 왕」 또는 「꽃의 신」으로, 부귀를 뜻하는 식물로서 「부귀화」라고도 부른다.

봄소식 개나리

봄소식 전하려고

잎도 피기 전
노랗게
먼저 피는

겨울 지나기 전
창백한 목 길게 내리어서
언덕에 뻗고 있는

임에게 마음 가득
이른 봄 기쁨 주려고

노란 춤추면서 오고 있네요.

개나리 – 잎이 피기 전, 나뭇가지가 보이지 않을 정도로 샛노란 꽃이 길게 늘어서서 뭉게구름처럼 피어난다. 무리 지어 필 때 아름다움 더한다. 노란빛은 희망과 평화 상징하는 누구에게나 마음의 안정을 준다. 무르익는 봄을 온몸으로 표현하는 꽃은 개나리가 단연 으뜸이다. 영어 이름은 「황금종(golden bell)」이다. 약간 높은 언덕바지 산울타리에 심어 두면 꽃 피는 계절 올려다보는 경치가 일품이다.

■ 작품 해설

잡초마저 꽃으로 부른 포용과 연민의 시편
-장성우 시집 『무지개 꽃 피는 마을』-

해설: 星山 도한호 시인

꽃을 주제로 출판된 시집과 꽃 그림을 곁들인 사화집은 언제 보아도 아름답다. 일찍이 고 김해성 시인이 국제출판사에서 펴낸 시집,「꽃사랑 나무의 이야기」(1964)에는, 서시 〈감꽃〉을 비롯해서 40여 편의 꽃에 대한 시와 부록으로 꽃말이 첨부되어 있었다. 올봄에는 우리 고장 시인 나명순이 꽃말과 꽃 이름을 제목으로 해서 금낭화를 시작으로 60편 내외의 시와 그림을 곁들인 사화집,「꽃섬에 닿다」를 출판해서 주목을 받았다.

며칠 전에 상지출판사에서 보내온 장성우 시인의 원색사진을 첨부한 꽃에 관해 쓴 시 묶음을 받았다. 시집에는 50편 내외의 시와 꽃 그림이 훌륭한 조화를 이루고 있었다. 첫 번째 시, 〈옥잠화〉 사진은, 먼동 트는 뒤꼍에서 선녀의 손에 이끌려 나온 꽃인 듯 명암의 조화 속에서 고운 자태를 뽐내고 있었다. 시인은, 옥잠화를 이렇게 묘사했다.

> 백옥 얼굴
> 옥비녀 기다랗게 꽂아
> ············
> 천상 선녀 준 선물 아닌가
> 그윽하고 다정한 눈빛
>
> <옥잠화> 부분

 필자는, <옥잠화>를 읽으면서 시인의 삶의 자세와 젊은 시절의 시인의 모습을 연상했다. 프로필에서 보는 바와 같이 시인은 성균관 대학교와 고려대학교 등에서 학위를 받고, 문단에는 시와 프랑스어 번역으로 등단했다.
 필자와의 직접적 만남은 대전 펜 문학회에서 함께 임원으로 활동할 때부터 시작되었다. 장 시인은 고 임종호 시인 등과 함께 빠짐없이 모임에 출석해서 집행부에 든든한 지지자가 되어주었다. 그뿐 아니라, 장 시인은 <목요문학회> 창립회원으로서 초대 회장을 맡고 헌신하는 모습을 보여주어서 모든 회원의 존경을 받기도 했다.

 이 시집은 제1부, "동쪽을 향하여 피는 꽃"으로부터 제6부, "그리움에 잠 못 이루는 계절"까지 전체를 여섯 마디로 나누어 편집되었다. 시집을

펴들면 페이지 뒤편, 즉 짝수 페이지에는 시를 게재하고 오른쪽 홀수 페이지에는 꽃 사진을 편집해서 시를 읽으면서 꽃 사진을 볼 수 있도록 좌시우화(左詩右畵) 모양을 취했다. 이와 같은 편집 균형을 유지하기 위해 이 시집의 시는 모두 한 페이지를 넘지 않는다.

해설자는 한 장 한 장 그의 시를 읽으면서 시인이, 자신이 쓴 시 속으로 들어가서 스스로 꽃이 되어버렸다는 생각을 하게 되었다.

I. 꽃으로 들어가 꽃이 된 시인

문학에 관심을 가진 사람이라면 고 김춘수 시인의 시 〈꽃〉을 모르는 사람이 없을 것이다. 그의 시 〈꽃〉 몇 행을 인용한다.

> 내가 그의 이름을 불러주기 전에는
> 그는 다만 하나의 몸짓에 지나지 않았다
> 내가 그의 이름을 불러주었을 때
> 그는 내게로 와서
> 꽃이 되었다
>
> <꽃> 부분

알다시피, 〈꽃〉은 김춘수의 대표작으로 알려진 시이다. 이 시에서, 시인은 화자(話者)로서 자신과 직접적으로는 관계가 없는 꽃을 불러서 의미를 부여했다. 장 시인 역시 산과 들에 핀 수많은 꽃의 이름을 불렀다.

옥잠화에 이어 능소화를 부르고, 철쭉꽃도 부르고, 담쟁이와 망초도 시인의 꽃밭으로 불려 나왔다. 그래서 시인의 뜰에서는 망초도 꽃이 되고, 담쟁이도 꽃이 되고, 나뭇가지 위에 쌓인 서리마저도 꽃의 이름으로 불려 나와 꽃이 되었다.

  그러나, 장성우 시인은 김춘수나 여느 시인들처럼 꽃을 객관화해서 아름다움을 묘사한다거나 꽃을 보고 추억에 잠긴 것이 아니라, 그 자신이 꽃 안으로 들어가서 꽃이 되어버린다. 그래서 시인이 불러낸 꽃들은 하나같이 시인과 같은 일생을 산다. 시인의 삶을 그대로 묘사한 꽃을 보자. 시인은,

"그윽하고 다정한 눈빛을 가지고" 산과 들에 홀로 피어나 외로이 밤이슬 맞고 잡초에 시달리는 옥잠화요,
"끝까지 영롱하게 고운 모습으로 피어나는" 능소화이며,
"들꽃으로 피어나 흔들리며 연가를 부르는 망초꽃이며,"
"소쩍새 우는 외로운 골짜기,"에서,
"슬픈 상처를 매만지는" 철쭉꽃이 되었다.

  특히, 시인은 제1부 마지막에 설중화, 구절초 천일홍과 인동초 등 네 종류의 꽃을 불러내어 동질화했다. 다음의 인용이 그것을 말해준다.

    강인한 생명의 고단한 몸짓
    언 땅 녹여 숨 쉬는 따사로움

．．．．．．．．．．．．．．．．
하늘빛 눈 속에 찬란하게 빛나리라

             〈설중화〉 부분

오랫동안 세월 흐르고
이름 없이 혼자서 지킨 지조

             〈구절초〉 부분

불어오는 사나운 바람을 견디며
조각난 몸뚱이 하늘 듯 헤아려서
불같은 뜨거운 열망 꿈을 세우고
열혈의 뜻 온몸으로 피워내는 인내의 꽃

             〈인동초〉 부분

 해설자가 인용한 세 편의 시 중, 〈설중화〉는 시인 자신의 굳은 의지와 삶을 이끈 생명력이 된 신앙을 의미하고, 〈구절초〉는 시인이 인생의 늦가을까지 '노블리스 오블리쥬,' 즉 만물의 영장으로서의 인간의 의무를 다하며 살아온 생애를 의미하고, 〈인동초〉는 눈 속에 피는 설중화와 초겨울까지 지조를 굽히지 않는 구절초처럼 사나운 비바람과 살을 에는 추위를 견뎌낸 시인의 삶의 여정을 말해준다. 그래서 시인은 설중화요, 인동초요, 구절초가 되어버렸다.
 장 시인은 다른 꽃 시집과는 달리, 꽃밭에 심지 않고, 또 꽃으로 인정

받지 못하는 푸성귀나 잡초까지 꽃의 이름으로 불러내어 그의 꽃밭에 심었다.

II. 잡초를 꽃의 이름으로 부른 시인

1부에 포함된 장성우의 꽃 시에는 꽃이 아닌 꽃이 있으니, 그것은, 참새 눈꽃나무와 서리꽃이다. 겨울 아침 산등성이 감나무 가지에는 하얀 눈꽃이 피고, 눈꽃 핀 나뭇가지에는 떨며 밤을 새운 참새들이 옹기 종가 모여 앉아서 해가 떠올라 얼어붙은 가지를 녹여 줄 아침을 기다린다. 시인은 나뭇가지에 덮인 눈과 어름을 "서리꽃"이라는 이름으로 그의 꽃밭에 초대했다.

> 나뭇가지 서리꽃 가득한
> 눈꽃송이 시림 그리움
> ....
> 수정처럼 해맑은
> 녹아난 수빙(樹氷) 흘러서
> <서리꽃 피는 아침에> 부분

2부 "계절 따라 부르는 노래"의 첫 번째 시 〈개망초의 누명〉은, 시인이 빛도 없고, 아름다움도 없고 피어날 자리조차 없이 아무 데나 피어서, 못생겼다, 보잘것없다는 누명을 쓰고 천덕꾸러기가 된 망초를 꽃이라고 불러준 시이다. 시인의 꽃밭으로의 초대는 억눌리고 천대받는 사람들에 대한 창조주의 섭리, 즉 사랑과 평등과 관용을 명백하게 말해준다.

> 떼 지어 시린 가슴에
> 눈물 어린 소박 청순함으로
> 창백한 노른자 달걀 여름꽃
> ....
> 망국초와 개망초는 억울한 누명이다
>
> <개망초의 누명> 부분

 2부에 게재한 〈눈꽃나무와 참새〉는 1부의 〈참새 눈꽃나무〉의 후편으로 보인다. 2부에는 개망초를 포함해서, 샐비어, 상사화 등 열 편의 시가 게재되었다. 제3부, "화첩으로 그린 정원"에 포함된 다섯 편의 시는 산수유, 코스모스, 백일홍, 담쟁이와 육사 시인이 생각나는 청포도이다.
 시인은 꽃으로는 보잘것없는 담쟁이와 청포도를 그의 꽃마당에 불러냈다. 4부와 5부의 시에는 할미꽃, 우슬초, 민들레 등 짓밟히며 힘겹게 피는 작은 꽃을 꽃의 이름으로 불러내었고, 몸을 비틀어 뒤섞는 고통을 이겨내며 둘이 하나가 되어 자라는 연리지마저 꽃이라고 이름 지었다. 제5부, "고난[을] 승리하며 피는 화원"에 게재된 〈연리지〉 2련을 인용한다.

> 두 개 영혼 하나로 살아있는

> 혼자서 아무것도 할 수 없어서
> 천고에 맺어진 인연 죽고 사는
> 숭고한 사랑. 깊은 아름다움인데.
>
> <연리지> 2련

시인은, 유대인의 제사 의식에서 귀신을 쫓거나 죄를 씻는 의미로 사용되던 우슬초마저 그의 꽃마당에 불러내어 꽃의 이름을 주었다. 시인은 우슬초를 보면서 사죄한다.

> 붉은 죄 무겁게 억누르는 날,
> 우슬초 어린양 피를 묻혀 씻기소서
>
> <우슬초로 말갛게 씻어주소서> 부분

해설자가 인용한 꽃 중에 서리꽃, 민들레, 개망초, 담쟁이, 청포도 및 연리지는 사람들이 꽃이라고 생각하지도 않고, 꽃으로 심고 가꾸는 식물도 아니다. 대게는 천대받고 버려지는 꽃이지만 시인은 그것들을 불러내어 꽃을 만들었다. 고운 꽃과 미운 꽃을 가리지 않듯이, 시인은 피부색과 빈부와 문명의 차이를 넘어서 인류는 하나라고 말하고 있다. 그것이 예수 그리스도께서 세상에 오신 목적이며 만인이 존중하고 실천해야 할 진리이기 때문일 것이다.

시인의 시에는, 접속사와 서술 어미가 생략된 표현이 종종 있다. 그것이 때로는 독자의 이해를 어렵게 할 수도 있었을 것이다. 그러나 그것은 간결한 것을 시의 기본이라고 생각하는 시인의 표현기법의 하나이다. 독자가 나름의 해석을 해도 나쁘지 않을 것이다.

 이 아름다운 시집이 많은 독자의 가슴에 꽃과 시 본연의 의미에 더해, 인류는 평등하고, 인류는 하나이며, 인류는 꽃처럼 아름답게 창조되었다는 만고의 진리를 심어 줄 것을 믿으면서 필을 놓는다.

무지개 꽃 피는 마을

초판 1쇄 인쇄 2023년 9월 30일
초판 1쇄 발행 2023년 10월 5일

지은이 : 장성우
편집자 : 현수지
펴낸곳 : 상지출판사
주　소 : 대전광역시 중구 보문로 294, 3층
전　화 : (042) 226-3114
팩　스 : (042) 638-1415
E-mail : gack0191@daum.net
등록번호: 제2020-000029호

ISBN 979-11-92850-10-8
값　20,000원

이 책의 판권은 저작권자와 상지출판사에 있습니다.

이 출판물은 저작권법에 의해 보호를 받는 저작물이므로 무단 복제 할 수 없습니다.

잘못된 책은 구입처에서 교환하여 드립니다.